KB217970

꽃 진
자리의 기도

꽃 진 자리의 기도

이상임 시집

바이북스
ByBooks

눈꽃처럼 환한 세상과
인간의 순결한 삶에 대한 지향

소혜 이상임의 시편에 관하여

박동규 서울대 명예교수, 문학평론가

소혜 시인은 심상 출신의 시인이다. 그와 만나 보면 조용한 성품임을 알 수 있다. 이 조용함은 그의 시가 현실에 대한 외침의 거친 성향이라기보다 내면의 성찰을 통해 얻어진 예지를 품고 있음을 말해 준다. 그의 시편들은 인간세계 안에서 생명의 영원성에 대한 신앙적 정신을 간직하고 있음을 드러낸다. 이러한 정신적 세계에서 우러나온 이상의 지표가 뚜렷하게 시어로 자리 잡고 있다. 그의 등단 시편들 중 「하나의 빛깔」은 이를 또렷하게 담고 있다.

눈이 오네
헝클어진 세상 향해

낮은 곳 내려오는 겸손의 꽃
재생을 부르는 새싹의 양식

은빛 날개에 하늘 언어 신고
마음에 내려와 앉는다

정결한 가슴으로 속삭이며
흰 옷 입고 손잡아

하나의 빛깔로
세상 덮어 내리는 우주의 손

서로의 언 몸 부벼주는 소리
사각사각 눈이 내리네

－「하나의 빛깔」 전문

이 시는 눈 내리는 날의 풍경을 그리고 있다. 헝클어진 세상에 눈이 내리는 설경을 보고 있다. 눈이 가져오는 새로운 세상을 화자는 기대하고 있다. 이 기대는 현실세계의 평등이나 아니면 과거적 회상의 굴레를 보여주는 것에서 떠나, 눈 오는 순간의 심정적 갈망을 노래하고 있는 것이다.

눈은 '낮은 곳으로 내려오는 겸손의 꽃'으로 형상된다. 이 낮은 곳은 지상이다. 지상은 인간의 세계이다. 높은 하늘에서 내리는 '겸손의 꽃'은 신의 영역이다. 시인의 눈은 신의 하강이고 이 하강은 '겸손'이라는 형상을 가진 꽃으로 축복처럼 그려져 있다. 따라서 이 하늘의 언어인 꽃은 마음에 내려앉는다. 이 변화의 기적은 신이 보내는 하나의 색깔에 담겨 순결하고 평등한 인간 세계의 창조로 나타난다. 화자는 이 눈의 현신을 통해 얻는 겸손의 내포를 '서로의 언 몸'을 녹여주는 사랑의 인간다운 실행에서 보여준다. 이 시에서 보듯이 소혜 시인은 눈이 내리는 것은 신이 인간의 정결한 가슴에 보내는 축복인 동시에 눈이라는 흰 옷을 입고 서로 손을 잡고 서로를 의지하고 살아가야 한다는 신의 은유이다. 또 하나의 시 「바느질」에도 시인의 삶 정신이 담겨 있다.

"우리 엄마가 샀바느질로 6남매를 키웠어"
반듯한 자식들이 그들 어머니를 인정하는 말이다

작년에 정리하다 밀쳐 두었더니
마음에 걸려 어느새 시작한 바느질
한 땀씩 먼 길 지구를 돌아 마무리된다
(중략)
시대와 나이에 맞지 않는
그래서 망설이다 시작한 손바느질
꿰고 엉킨 실 풀어가며 중간마다 매듭짓는 과정
설계도에 따라 진행해 가는 건축가나
상처를 꼼꼼히 치료하는 의사
결국 바늘땀만으로 옷을 짓는다
(중략)

-「바느질」일부

이 시는 바느질을 통해 삶의 완성을 꿈꾸는 시인의 소망을
담고 있다. 손으로 실을 바늘에 꿰고 한 땀씩 옷을 짓는 여인의
마음은 바로 그가 꿈꾸는 선한 삶을 실현하려는 신의 계시를

실천해 나가는 행위이다. 얼핏 교훈적이라는 느낌이 들 수도 있지만 소혜 시인에게는 이러한 바느질은 이미 숙명적으로 짊어지고 있는 신의 교시를 실천하는 행위이기도 하다. 비록 조그마한 옷 한 가지를 완성하는 일이지만 한 땀이라는 작은 실행에 담긴 의미는 건축가가 이미 정해 놓은 설계도에서 한 치도 벗어나지 않고 건축물을 세워가는 것, 의사가 작은 실수도 없이 치료하여 완치시키는 것과 다름없는 것이다.

　소혜 시인은 긴 시간 시를 안고 살아왔다. 비록 시단에 등단한 것은 일천하지만 그가 지닌 삶에 대한 성실하고 정직한 인식은 이미 사물과의 대면에서 무엇을 시로 형상화해야 하는가 하는 문제를 다듬어 왔던 것이다. 그에게는 기독교적 사상의 해독에서 비롯된 굳건한 존재의식이 정립되었다고 볼 수 있다. 그의 시편들은 인간과 신, 혹은 인간과 인간 사이에서 진실한 삶을 성취해 나가려는 끝없는 기도와 자성적 고백을 펼쳐 나가고 하나의 깃발처럼 그만의 목소리가 담긴 시를 발전시켜 가리라 기대한다.

자연친화의 눈과 겸허한 심령의 노래

이상임 시집『꽃 진 자리의 기도』에 붙여

김종회 문학평론가

　이상임 시인의 첫 시집『꽃 진 자리의 기도』를 필자는 설레
는 마음으로 읽었다. 시종일관 이렇게 순수한 시각으로 경물景
物과 풍광을 바라보고 그 풋풋한 감상을 시적 언어의 표현으로
옮길 수 있을까? 이렇게 순전한 기도의 마음으로 주위와 사람
을 감각하며 그 무구無垢한 심정적 동향을 시로 노래할 수 있을
까? 그래서 필자는 무릎을 치며 이렇게 결론을 내렸다. 이 시
인의 경우는 타고난 성정性情과 세상살이 가운데 체득한 삶에의
인식이 한가지로 순후하여, 그것이 시라고 하는 문예장르로 전
화轉化될 때에는 바로 이러한 유형을 갖게 되는 것이로구나. 그
런데 그 깨우침의 느낌은 싱그러운 새벽의 여명黎明처럼, 또 삽
상한 가을바람의 숨결처럼 흔쾌하고 기꺼웠다.

이상임 시인은 수학修學과정에서 다른 분야를 학습했으나, 어느 날 문득 소설이 쓰고 싶어서 문학 쪽으로 눈을 돌렸다. 사람들이 살아가는 세상의 이야기를 구조적인 담론으로 담아내는 소설 미학의 매혹이 그에게 선물처럼 다가왔던 것이다. 그러나 그는 소설 창작자의 자리에 안주하지 못했다. 언어를 통한 함축적 노래, 비유와 상징의 담화, 그리고 심리적 메타포 metaphor와 앰비규이티ambiguity의 세계가 그를 사로잡은 까닭에서다. 그리하여 마침내 그는 시인이 되었고, 연륜이 오랜 문예지를 통해 문인의 반열에 자신의 이름을 신고했으며, 오늘에 이르러 그동안 지속적으로 써 온 시를 묶어 이 시집을 상재하는 지점에 도달하게 되었다.

이 시인은 근자에 문학모임에서 산문을 쓰고 시를 쓰는 문우들과 교유하며 자신의 문학 행로를 걸어가고 있다. 그 문우들과 두 차례에 걸쳐 '동인同人' 산문집을 내기도 했다. 이상임의 시에는 두 가지 특징적인 계보가 있다. 하나는 자신의 시가 가진 풍모와 같이 소박하고 조촐하며 아름다운 자연 경관을 노래하는 시다. 다른 하나는 자신의 삶과 그 가운데 소중하게 가꾸어 온 신앙의 고백을 함께 바라보는 믿음의 시다. 이 양자는 서로 별개로 존재하는 것이 아니라, 여러 시편들의 문면을 통해 자유롭게 만나고 조화롭게 악수하며 둘이 결부되어 뜻 깊은 하나가 되는 결실을 시의 표면으로 밀어 올린다.

제1부 '꽃과 나무의 노래', 그리고 제2부 '인생길 여러 풍광'은 주변에 편만遍滿한 우주자연의 여러 존재태로서 꽃과 나무의 내밀한 속삭임을 노래하고 그것이 스스로 걸어온 인생길의 다채로운 풍경화 가운데 어떤 의미로 잠복해 있는가를 노래한다. 그가 만나고 호흡하고 습득하는 자연은 그 자신의 내부에 있기도 하고 외부에 있기도 하다. 이처럼 자유롭게 개방된 인식의 기제機制를 장착하고 있다면, 시가 쉬워질 수밖에 없고 그노래가 부드러울 수밖에 없으며 그 도정道程에서 전개되는 시적 여정이 단단하면서도 값있는 것으로 드러날 수밖에 없을 터이다. 작고 여린 것들의 힘, 한 발 물러선 자의 품성이 보여주는 아름다움이 그 가운데 있다.

제3부 '주님 손길이 머문 곳'과 제4부 '꽃 진 자리의 기도'는 그야말로 진솔하고 간곡한 신앙 시편들이다. 그에게 있어신은, 하나님은 어떤 분일까? 그는 하나님으로부터 어떤 음성을 듣고 어떻게 이를 삶의 현장에 적용하며 또 시의 문면文面에 떠올리는 것일까? 이와 같은 질문에 대한 답변은 그다지 어렵지 않다. 곧 그의 이 자리에 있는 시들 가운데 해답이 있다. 그

의 하나님은 완고하거나 까다롭지 않으며, 늘 소통 가능한 거리에 있고 온 영혼을 다 기울여 달려가도 편안하고 넉넉한 품의 존재양식을 가졌다. 그가 하나님을 정성을 다한 언어로 섬기는 이유다. 그런 이유로 그의 이 염결廉潔하고 절실한 믿음의 시적 모형들은 그 자신의 행복이면서 시시때때로 하나님께 드려지는 작은 제례祭禮에 해당한다.

시인은 이 시집의 표제를 제4부 소제목 '꽃 진 자리의 기도'에서 가져왔다. 꽃이 진 자리라는 것은 대체 무엇을 말할까. 꽃이 인생사의 가장 큰 영화榮華요 빛나는 대목이라고 한다면, 그꽃이 진 자리는 잔치 뒷날의 고적孤寂이나 한가로움과도 같다. 지금까지의 더운 열정으로 점철된 시간들을 되돌아보는 겸허한 회상의 자리다. 그런데 누가 있어 이를 알랴. 바로 그 자리야말로 보다 성숙하고 웅숭깊은 삶의 지혜와 더욱 견고하고 힘 있는 심령의 기도가 발현하는 곳인 것을. 그 곳은 새로운 소망의 땅이요 새 역사役事의 시발을 약속하는 출발점이며, 죽음의 시간을 부활의 시간으로 바꾸는 황홀경의 증언대다.

이처럼 산뜻하고 아름다운 첫 시집의 출간을 진심으로 경하하며 축복해마지 않는다. 세상살이의 연륜으로나 내면의 언어를 드러내는 경륜 모두에 있어, 앞으로 이 시인의 길이 순

정한 시와 결곡한 믿음으로 가일층 빛나기를 겸허한 마음으
로 기도드린다.

지금까지 걸어온 길

광활한 대지에 쏟아지는 빛

빛을 품은 하늘

알 수 없는 바람

여리고 나약한 내게 다가와 흔들어

시가 되었다

생각과 감정의 은혜 내리니

언어의 고백 있어

기도가 되었다

삐걱이던 삶의 빗장들을

부드러워지게 한

존재 안에 떠오르는 말을

아직 품지 못한

아름다움의 그릇들을
찾아온 길

오랜 세월
만나는 문들 두드리며 걸을 때
걸음마다 손잡아 주신
분들께 감사드린다

차례

1부 _____ 꽃과 나무의 노래

2부 _____ 인생길 여러 풍광

3부 _____ 주님 손길 머문 곳

4부 ____ 꽃 진 자리의 기도

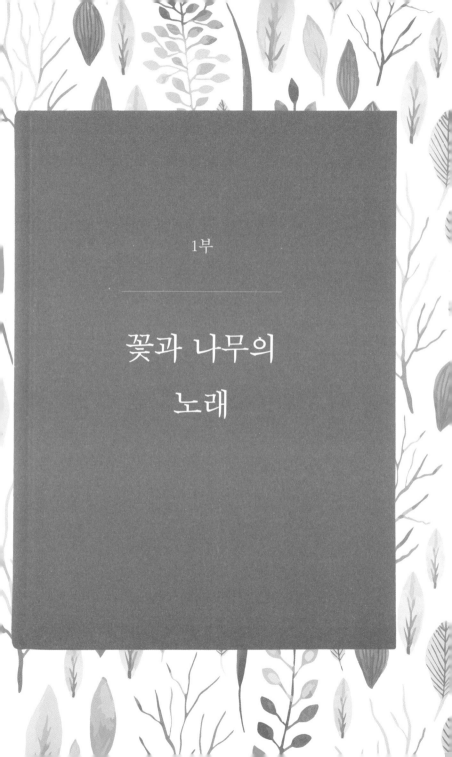

1부

꽃과 나무의
노래

노란 우드소렐

별빛이 떨어져 앉아 놀란 듯
깜찍하고 경이로운 너

억센 잔디 밀치고 온
아기 손톱같이 작디작은 꽃
친구하자 웃고 있어
내 실눈이 동그라미 된다

반가워 감싸 안고 싶은
앙증스런 꽃
네 키만큼 낮추어야
볼 수 있구나

무릎 꿇어야 보게 되는
작고 노란 사랑둥이 힘
날마다 허리 굽혀
인사하게 하네

조그만 몸으로
우주만한 덩치의 겨울을 사는 너
마음에 쏙 들어와 자리 잡았다
내가 널 찾았나 네가 날 불렀나

무스카리꽃

잔디밭 둘레마다

수석을 줄 세워놓고

사이마다 바다 건너온

구근을 심었다

예쁜 청보랏빛의 꽃

오밀조밀 엮은 구슬송이

정교하게 차려입고

예고 없이 일렬횡대로 줄지은

거수경례 사열에 놀란 나

고향 떠나 갓 시집 온 무스카리

청초함이 서툰 새색시같이 예뻐
어설펐던 시집살이 생각난다

기쁜 탄성 잠깐 접고
푸근한 마음 실어
너의 둘레 되고 싶구나

거대함을 넘어

킹스캐니언에 이어 나타난
눈 쌓인 숲 자이언트 세쿼이아 장군 길은
엄위한 군대가 사열하는 모습이다
어느덧 마음은 평안해지고 곳곳을 둘러본다

세계 최대의 나무가 죽은 채 누워 있는 곳
백 미터에 가까운 거대한 나무 위를 걸어
살아서는 볼 수 없는 뿌리 앞에 선다
사람을 능가하는 생명력과 겸허함은
작고 연약한 자에게 깨달음의 메시지다

한낮이 되어 모로 바위산에 오른다

좌우로 펼쳐지는 낭떠러지 현기증 나는 광경
망설이며 내디딘 걸음이 어느덧 정상이다
모인 사람들과 하이파이브를 나누며 서로 환호한다

경고선 넘어 바위 끝 절벽에 선 미국인들
자연이 거대해서일까 담대한 그들
고관절 결림의 환자인 나 역시
오를 수 없을 듯한 정상에 올라
환희에 동참하는 점에서는 용감하다

어떤 신비한 힘이 작용한 것인가
오늘은 아팠던 다리가 아니다
원래 이런 몸을 받았다는 생각이 떠오른다
보이는 것을 넘어서는 감격의 시간
한계를 넘어서는 귀한 체험의 날이다

담 넘어간 모과

나무 사이 비좁게 자란 모과
그 해 열매 맺지 못했다
가지치기를 잘못한 탓인가

해마다 모과 달려 나눠 줄 때
선희네는 우리 모과 두 나무로
자기네 모과 안 열린다 투정했다

우리 집에 열매 없던 그 해
선이네 모과는 신기하게 열렸다
자연의 손길 그 비밀을 누가 알랴

친구들과 모과차 마시며 오고간 담소
담 넘어 이웃으로 간 모과 이야기

감나무 모과나무

내 일상의 삶 정리하려
앞세워 보내려던 순간의 실수는
반세기를 사랑의 몸으로 헌신해온
너희를 잃은 슬픔이었다

사람보다 수명 긴 너의 할 말
먼저 생각지 못했구나

엇갈리는 삶 속에
나의 주인은 어디로 숨으셨는지
내 소유인 양 분별없어
후회라는 회초리로 아파 울었다

나 너희와 함께할 수 없지만

내년 봄 그 자리에서

다시 피어나기를

수선화

매서웠던 겨울 가기 전
언 땅 밀어내고
솟아오르는 수선화

생명은 어떤 힘이기에
차가운 가슴에 봄 안겨주며
또 다른 시작이라니

길고 짧게 노랗고 하얗게
여러 예쁜 겹겹의 색으로
드레스 위 신부 같은 네 모습

마음 붙잡고
머물게 하던 수선화 너희들

나무

아침 해가 돋기 전
나무들을 바라볼 때
향기처럼 스쳐가는 숨결

물 한 모금 햇볕 한 모금
쑥쑥 생육하는
한여름 속의 경이

나무 열매는 희망
한겨울 오기 전
가지 끝에 매단 고된 삶의 결실

동백꽃

겨울 녹색정원 꿈나무
꽃샘바람에 겹겹이 미소 짓는
장미의 형제 같은 분홍 동백꽃

생일 파티 사진 속 배경으로
영산홍 양옆 자리한 두 그루
다정한 얼굴 비추는 분홍 거울이다

꽃잎 진 자리 자르면
새순은 꽃보다 잎이라며 웃음 짓고
자라난 초록 잎에 쌓였더니

겨울바람 술래잡기에 쫓기듯
그리움 못 참아 성급히 왔구나
그 누구를 맞이하려는고

향기 가슴에 덮고
떨어져도 진 마음 담아
앉은 그대로 모양 지녔으니

앉은뱅이 사철나무 위
줄지어 얹어놓고 꽃길 지나던 때
변치 않는 그대 같은 이른 봄꽃

풍경의 변화

생동감 있던 베란다 너머 풍경
어느 새 달라진 그림이다

겨울 동안 버티던
갈색 시든 잎 비뚤게 자란 나무
마음도 따라 기울어졌었다

반은 달렸고 반은 수북이 쌓여
바람 불면 한데 엉겨 굴러다니던 낙엽
추위 속 관리자 손길로
제자리에 모이곤 했다

봄은 모든 곳에 왔다
휘어진 나무에도 새 잎이
촘촘히 덮고 보니
당당하고 바른 모양새다

어느 날 비비람에
애처로운 장미 줄기를 묶어 주었더니
어느새 긴팔 뻗어 손끝으로
외출을 재촉한다

액자처럼 어우러진 거실 유리창은
살아 움직이는 갤러리다

기회

시작에서 끝으로 향하는
삶 가운데 부딪치는 고통은

잘려진 나뭇가지에서
피어나는 새순의 산고

땀과 수고로 거둬질 열매는
울며 씨 뿌리는 자의 보람
나누는 결실의 기쁨이다

이 감사의 참 가치는
누구를 만나야 얻게 될까

너와 나 마음 다해 맞이할

삶의 날이려니

봄집

겨울이 물러가면

봄집은 햇살의 품속으로

꽃과 나무 아지랑이 꿀벌

떠들썩한 잔치로

모두를 뜰 안으로 초대한다

커다란 거미줄 전시회 아래 풀밭

앙증스런 꽃순들 지저귐에

빽빽했던 창문들이 열리고

봄 손님 웃음 맞느라 바쁘던

봄집 주인의 휘파람 소리가

아직도 내 귓가를 울린다

마중봄비

봄비야
천둥 번개에 밀려난 눈물이어서
아픈 신음으로 오는가

어찌 보듬어 쓸어안을까
사랑하기도 모자랄 이 봄날에

바닥 치는 너로
어둠에서 밝음으로
안에서 밖으로
걸어 나올 수 있었구나

유난히 맑은 하늘 빛나는 햇살 아래
한 뿌리에서 나온 가지와 잎새는
손잡고 잔치하니

가슴을 적시는 생명의 비
마중봄비

봄

봄님이 오시네
첫발 내딛는 아가처럼

햇살 가득 머리에 이고
웃음 기쁨이 손잡고 오시네

남풍 타고 낮은 곳에 나는 새
열매 될 씨앗 나르고

땅속 깊은 겨울 물 긷던 숨찬 나무
촉촉한 단비에 장단 맞춰 춤추네

어린이 새 옷 입고 꿈꾸며
착한 농부 씨앗 뿌리는 걸음 힘차네

새싹의 어머니 소명의 시간
봄님이 오셨네

라일락

담장 아래 지나는 사람들
향기 따라 나뭇가지 타고 와
어우러지는 이웃 간의 정담
어여쁜 마음 꽃 피운다

허리 휘어지게 풍성한 꽃송이
어릴 적 모여 살던 형제들 같아
추억을 소환하는 그리움의 꽃
향기마저 진한 첫사랑 부르고

전지의 아픔에도 해를 거르지 않고
탁한 마음까지 지고 가려는 듯

보랏빛 온화한 5월의 꿈 라일락 옆에서

나뭇가지에 새겨진 선한 눈빛 본다

신속한 9월

하늘 향하던 나무도
성장을 멈추는 때
돌매미 큰 목청에 가려진
약한 참매미는 애절함도 사라졌다

빨갛게 타던 열정의 날 뒤
찾아온 9월
두 번째 봄의 시작 같아
덜 익은 열매는 가을 옷자락이 감싼다

하늘 꽃구름 그 자유 마음 밭에 심으며
당신의 밭 일구는 부지런한 농부

그의 두 손 위에 가득한 목화송이

가을걷이의 소명을 지닌 채
다시 펼쳐진 새 계절을 살아간다

시월

1

시월에 되돌아볼 때 나는 나누고 살았나
져주며 낮아지는 평안한 맘 가졌었나

따뜻한 말 아닌 얼음같이 시린 말
서로의 엉킨 마음 풀려 진정 기도했던가

나무의 열매가지 흔드는 바람
누군가에게는 성찰의 소리

온갖 힘 모아 피어냈던 꽃과 잎은
곳곳이 뚫려도 밝은 빛 내놓고

태풍으로 내동댕이쳐도
또 다른 흙의 친구가 된다

2

하늘로만 치솟던 열정 이제는 재창조에 나선다
허전한 생의 바랜 옷 대신 다시 새것 입히네

하늘이 시를 써 나뭇가지마다 새긴 사연들
시월의 잔치에 무리지은 발걸음 넘쳐나는 풍요의 광경

마음에 등불 켜는 시월 나눔의 기쁜 노래 불러본다
포용과 결속이 어깨로 모이기를

그러자 시월은 축복의 선물되어
감사로 쌓인다

늦가을 목련

뒤뜰 낙엽 줍다
가을바람 속
끼니도 놓친 만추의 정취

봄꽃과 신록에서 숙성된 단풍
낙엽의 긴 이야기로
이어진 끝을 알린다

성급히 잎사귀 걷어낸 가지 끝
솜털 덮인 단단한 껍질 속 겨울 꽃눈
그 비밀을 아는가

쉼 없는 바람 스쳐 지나도
아직 남은 얼룩진 붉은 낙엽은
늦가을의 노래

겨울 지낼 생명 목련꽃 가지
그 꽃눈의 새 힘
그대 고운 품에 안고 가소서

목련

겨울 산 넘은 꽃순
껍질 깨고 나오는 새 힘

꽃샘바람에도 넉넉한 마음
흔들리며 미소 짓네

진줏빛 고귀한 자태
봄의 신부되어 높이 올라
사랑의 등불 밝히네

외로운 가슴마다 꽃등 달고
향기 고개 들어

푸른 하늘 채우네

그러다 아름답게 자는 모습
단숨에 뚝뚝 떨어지는 목련아
너는 왜 그리 빨리 가나
솔깃한 바람에 그냥 가면 어쩌나

짧게 살아도 환하게 살다간
아까운 목숨 목련아

너는 다음 세대를 기약하며
수명 같은 건 벌써 넘어섰구나

겨울 민들레꽃

엉킨 풀섶에 낙엽이 내려와
빠지지 않고 걸터앉았다

낙엽 사이 민들레는 발돋움으로
목을 길게 올린 노란 얼굴

열정의 소리 내는 큰 나무와 달리
낮은 곳에서의 속삭임과 미소

그의 어머니가 함께 보냈다며
행복 바람을 반기는 얼굴

너와 나 눈빛 마주하며
쉬어가라 전하는 민들레

겨울로 가는 마음 모아 안아주는
길잡이 꽃이었구나

겨울나무

실낱같은 잔가지
흔들리며 사는 법 알도록
너의 일기장에 쓰인
엷은 살갗 부비는 시린 사연

가지 끝에서 땅속 샘까지
아프도록 숨 가쁜 때
지나온 모든 것들을
기억하는 마른 가지

그 맥박 수만큼이나 강렬한
생애 속 생명 안고 가는

숨은 꿈이 있어

하늘 바람도 고마워
감싸 안아주고 가는
다시 숲이 될 겨울나무

높고 낮고 길고 짧음

정상에 오르기까지 아찔함의 연속
길고 긴 시간 오그라드는 심장
수천 미터 낭떠러지 위 꼬불꼬불 어지러운 길
산봉우리들이 바닥처럼 펼친 장관이다

시에라네바다 정상은
거대한 세쿼이아 나무들로 채워져 하늘만 보일 뿐
키 큰 나무들 속 위압감에 위축된다
두려워 도망치듯 빠져나오는 길고 험한 길
작고 연약한 자의 한계를 보게 한다

어느덧 오후 숙소를 찾는다

얼음벽 사잇길 지나 눈 쌓인 호수 옆 건물
나무 타는 냄새와 연기 피어오르고
객실 문 여니 창문 속 눈 덮인 산 정상들
눈높이를 같이하여 반겨준다

흰 눈에 반사된 빛나는 봉우리들
해가 보듬어 안은 반짝이는 미인 같아
산중의 산 바라보는 즐거운 그 잠깐
짧은 생 황혼에 쉼의 누림같이
또 한 번 아름다운 일몰로 변신한다

2월의 선물

겨울잠 깨우는 얼굴

슬그머니 내민 잎

땅속 어둔 밤 푸른 꿈꾸다

다급함 속 가냘픈 꽃대

가슴에 숨겨 안고 왔나

수선화 눈빛 마주하고

시작을 알리는 너를 보며

산길 나서는 발걸음에

생명의 아름다움 묻어간다

눈꽃가지

언 가지에 눈꽃
소복 올려져

무게로 휘어져도
선마다 웃음이다

잔바람에도
새들의 발자국에도
흔들리는 눈꽃가지

이별의 팔 펼쳐 떨어져도
숨은 그 정갈한 맘
다시 만날 날 기다린다

하나의 빛깔

눈이 오네
헝클어진 세상 향해

낮은 곳 내려오는 겸손의 꽃
재생을 부르는 새싹의 양식

은빛 날개에 하늘 언어 싣고
마음에 내려와 앉는다

정결한 가슴으로 속삭이며
흰 옷 입고 손잡아

하나의 빛깔로

세상 덮어 내리는 우주의 손

서로의 언 몸 부벼주는 소리

사각사각 눈이 내리네

흰 꽃으로 피어나리

4시 새벽기도 시간 서둘러 밖으로 나온다
밤새 내린 폭설로 은회색 눈빛이 밝다

눈길 첫 발자국 경건한 마음속 천천히 찍혀가고
영혼은 평안 속 또한 엄숙해지는 순간이다
임재를 갈망하는 기도 시간은 맑음을 불러온다

순수한 대공원 눈꽃 당당한 관악산 흰 봉우리
해가 뜨자 눈부신 설경은 오늘의 특별한 선물이다

무릎을 눈 속에 묻고 난장이가 된 채
눈꽃 위 새를 찍는 조류학자를 방해 않으려 숨죽이고

환자의 느린 걸음에도 배려의 여유를 지닌 채
관악산 멋진 광경을 포착해 본다

그 해는 유독 눈이 많이 와 겨울 소녀로 돌아간다
수 년이 지난 지금 새벽부터 눈이 내리자
과천의 눈꽃 기억에 잠겨 있다

이 아름다운 눈 축제는 생명으로 내리는 은혜
눈꽃 나무 위 새처럼 자유를 누리며
거룩한 흰 꽃으로 피어나기를 갈망한다

빗속의 꿈

비 피하느라 정자에 섰다
두 소년이 물 바닥 코트에 나서
배드민턴을 친다
눈에 비가 떨어져도 멈추지 않는다

비바람에도 돌아가는 풍차처럼
쉴 줄 모르고 뛰노는 소년들
그들을 나는 사진에 담는다

비에 젖어도 마냥 즐겁기만 했던
꿈 많은 어린 시절
빗 속에 키우는

활짝 핀 꿈의 꽃들과 마주친다

우리는 흠뻑 젖은 채
단비 머리에 이고 걸었다

잔디 깎기

밤새 자란 잔디
호수가 풀섶에서
아침 이슬 손잡고 모두 섰다

초원을 준비하는 산고의 과정
공평하게 풀 자르는 시간

전동기 위 기사는 때를 놓칠까
밖에서 안으로 잘도 돈다

옛날 쪼그려 앉아 가위 쥔 손놀림
내가 자르던 때와 비교되지만

영역을 넓혀
푸른 꿈꾸며 강건하라는
한마음일 게다

조화의 초록 보 만들어갈
인생의 잔디 깎기
나 항상 기쁘게 준비했던가

오늘 잠 못 드는 밤이라도
밟힘을 용납하는 뿌리

잔디

봄싹 누르는
생명의 위협에도
일어설 힘은 있다

짓밟는 힘에도
잔디는 투정 않고
밤새 일어섰다

한여름 놀던 자리
가을철 밟기 하여
뿌리를 다져주자

이슬이 자라게 하여

오늘도 풀밭을 준비한다

낙엽에 대한 단상斷想

그렇게 당당하고 청청하던 잎들
지휘자의 손놀림에 맞추어
춤추며 땅 위로 내려앉는 것인가

찌는 더위를 이기지 못함인가
너무 커진 몸에 맞지 않음인가
힘이 없어 더 이상 붙잡지 못함인가
여름내 입고 있던 옷을 벗고 있구나

하나둘 떨어져
소복이 쌓인 낙엽들은
차가운 겨울 이겨내야 할

나무들의 이부자리

옷 벗은 가지가지
추위에 떨지 말라고
때때로 내리쬐는 따사로운 햇볕

준비하며 순종하는 나무에게
그분이 주시는 사랑의 선물

계절의 숨바꼭질

흐린 날 케이블카로 높은 산을 오른다
단풍 물든 가을 산을 지나
눈보라 흩날리는 겨울 산
정상은 얼어붙었다

스키장비 전시된 실내에서
따뜻한 차로 몸 녹이고
근거리만 보고 내려올 때는
구름 사이로 붉은 해가 튀어 나온다

눈 덮인 그랜드티턴 국립공원
샌프란시스코행 비행기 안

창밖에 펼쳐진 그림 속에는
산 속 구멍마다 자리 잡은 도시
드문드문 보이는 호수들
군데군데 놓인 분지
하나도 놓칠 수 없어 창에 붙어버린 눈
어느새 봄 같이 반가운 도착 방송이다

종일 숨바꼭질하는 계절을 따라
새처럼 날아온 긴 여정에서
창조의 아름다움에 감사를 느낀다

2부

인생길
여러 풍광

바느질

"우리 엄마가 삯바느질로 6남매를 키웠어"
반듯한 자식들이 그들 어머니를 인정하는 말이다

작년에 정리하다 밀쳐 두었더니
마음에 걸려 어느새 시작한 바느질
한 땀씩 먼 길 지구를 돌아 마무리된다

조용한 자리에서 평정심을 유지하고
언제고 다시 시작할 줄 아는 잔잔한 다짐
욕심은 걷어내고 절제와 끈기 필요해
작은 옷에서 완성을 맛보는 성취감은
한여름 나만의 피서였다

시대와 나이에 맞지 않는

그래서 망설이다 시작한 손바느질

꿰고 엉킨 실 풀어가며 중간마다 매듭짓는 과정

설계도에 따라 진행해가는 건축가나

상처를 꼼꼼히 치료하는 의사

결국 바늘땀만으로 옷을 짓는다

올곧은 길을 꾸준히 가라는 삶의 지침이다

어머니

어머니는 위로의 성
평안과 안식의 담보
큰 나무의 쉼터다

온 집을 꽉 채워놓는 거인
방문이 잠겼을 때도
창을 열고 빛을 보낸다

어머니는 샘물
산속 옹달샘 쉼 없이 솟아올라
시내로 흘러 바다로 가고

자식 소리 들리면

멀리서도 달려오는 어머니

그 이름 불러만 봐도 시린 내 눈물

당신 얼굴에 적셔볼 수 있다면

걸음

　주무실 때에도 책이 얹어있던 아버지는 저녁이 되면 많은 이야기로 가르치셨다. 미신적 사고가 만연했던 당시 '밤에 흰 빨래를 널어놓으면 사람이 죽든지 불상사가 난다'는 속설을, 전등 없던 과거 칠흑 같은 밤 우리 민족의 백의인 흰 빨래가 이슬에 젖어 번뜩이면 독나방들이 날아와 독을 묻히고 피부병, 눈병 등 여러 질병의 원인이 되었기 때문이라고 설명해 주셨다. 모든 얘기를 과학과 의학적 관점에서 듣고 자란 형제들은 미신을 멀리할 수 있었다.

　식사 때는 "과식을 삼가라. 한술 더 먹고 싶을 그때 수저를 놔라." 등 잔소리 이상의 건강 배려와 훈육으로 우리는 보호를 받았다. 팔남매 평생 처방으로 "규칙적인 생활로 빛이 있는 시간에 일하라.", "항생제와 보약을 삼가라. 아무리 좋은 보약도 몸에 맞지 않으면 극약이 될 수 있다.", "세끼 식사가 보약이다."와 같은 아버지의 일상 처방에 익숙한 형제들은 결혼 후 그들의 짝들로부터 유별나다는 하소연을 하나같이 들었다. 이 가르침 때문인지 나는 간혹 가족들로부터 일 중독자라는 공격을 받지만 지금도 새벽 기도의 시간을 놓치지 않는다.

큰오빠는 유일하게 일본 학교를 다녔는데 그 바람에 어느 날 사촌이 혹시 큰아버지께서 친일하신 게 아니냐 물었던 적이 있다. 당시 일본인들이 아버지께 말을 태워 왕진 요청을 했지만 대부분 거절하시고 뛰고 달려 말 탄 그들과 같은 시간에 도착해 의사로서의 의무와 조선인의 긍지를 지키셨고 그들도 이러한 모습에 놀랐다는 일화를 알려줬다. 또한 일본에 가서 병원 개원의 제의도 거절하셨다 했더니 사촌도 놀라며 그런 줄 모르고 오해했었노라 말했다.

최근 나는 넘어지고 떨어지는 사고로 3년간 환자였다. 올봄 교통사고로 대퇴 뼈의 부상이 염려됐어도 아버지의 처방이 또한 번 가르침 되어 물리치료만으로 회복하려 했다. 두 차례의

MRI검사 후 다행히 뼈는 정상인 것으로 판명되었다.

미국 출국 전 비상약 준비차 안과 방문 때는 웬걸 백내장이
란다. 6개월 후 귀국해 병원 갔더니 이번엔 실명 위험의 황반
변성? 백내장과 동시에 황반변성 수술 날이 잡혔다. 그동안 소
홀했던 식습관을 개선하려 무지개색 야채식과 아버지의 평생
처방을 철저히 지켰다. 실명될 눈이 아니라는 신념으로 수술
을 미룬 채 몇 년을 보냈다. 한날 수술차 병원 갔더니 황반변
성은 천만다행 오진이었다! 나에게는 기적인 셈이고 세상 모
든 원리가 비밀하게 느껴진다. 백내장은 불편도 하고 사람들
의 오해도 생겨 결국 수술을 해야 하지만 시급한 수술은 아니
라 하여 그냥 참고 살고 있다.

평생 의사로 사셨던 아버지는 돌아가시기까지 우리 삶 전체
를 통해 처방하셨고 가르치셨다. 바람 잘 날 없던 그 많은 가지
들을 어떻게 감당하셨을지 사랑과 헌신의 삶 회상해 본다. 비
록 가르침은 남아 있지만 아버지의 걸음은 가고 없다.

선상에서

빛을 받아 세상을 접한 물속

비도 눈도 산도 담은 채

수면 위로 띄우는 셀 수 없는 사연

물길은 거칠어 나그네 싣고

끝없이 가슴 헤는 소리

흰 명주실 타래 풀 듯

거미줄 가녀린 이 마음속

누구 하나 알아주기나 할 터인지

흔들리는 물 위를

돌아돌아 어느덧 몇 바퀴째

터진 웃음

막역한 나이 먹은 친구와 전철에서
옛날 얘기로 터진 웃음
가슴 저리게 참을 수 없어
두 손으로 얼굴 가리고 입을 막았다

즐거움에 부풀어 달아오른
붉은 풍선 같은 얼굴
옆 친구 얼굴만 봐도 깔깔
서로 코미디언이 따로 없다

반감 없이 영문도 모른 채
따라 웃는 사람들 고맙기만 하다

웃음의 강한 전염성에

순수한 마음들 모여

미소의 이슬방울 뿌려 놓는다

비용 없는 선물로 이동하는

축복의 시간

가벼워진 맘

전철에서 내리고 보니 내가 소녀였구나

친구

시간을 되돌리는
그리움의 쪽지

반평생 지났어도
순수한 소녀의 영상

긴 강 따라
굽이굽이 거쳐왔어도
아름답게 다듬어진 네 모습

낡은 몸 샌 머리에 든 온기
시들지 않고 남은 언어 속 향기

오늘 찾은 꽃밭 속 친구

잘 간직한 기쁨 보자기 펴
서로 손잡고 함께하는 지금
무엇이든 시작할 수 있는 때 같아

그리웠던 마음 간격 좁히고
하늘 뭉게구름 타고 흐르네

정자를 무대로

솔바람은 사방에 날고
하늘의 별들은
자수처럼 펼쳐 보인 밤

기둥마다 기대앉은 우리
오순도순 살아가는 이야기
수많은 풀벌레 소리는
생의 마지막 열창이다

무르익는 대화의 뜻을 아는지
초롱불 등에 지고 춤추는 반딧불
정자를 돌며 떠들썩한 모습이

조화로운 초가을 무도회장이다

둥근 달은 나뭇가지에 걸려

명암이 교차될 즈음

늦은 밤의 분위기를 달리했다

노을

시린 흰 산
하늘 가득 채운 노을

강물에 내려와
빛 너울 드리우네

속삭이는 비단 물결
임 오시는 길 같아
간절함에 발걸음 멈추고

노을이 내 눈을 불태워
옷자락이 보이지 않는 건가요

행여 내 손잡아 주실까

갈급한 마음 눈시울 뜨겁네

갈 길 재촉하며 떠는 바람

멀고 먼 어둔 길 위

빛 그림이 그려지네

빈 집

상처투성이로 덩그러니
채웠던 온갖 짐 다 비워져도
벽 속 귀에 담은 사연들
이제 인적도 나눌 이 없는
텅 빈 네 심장

밤이면 매서운
겨울바람에 흔들리는 나무
너 대신 울어주는 소리에
낮은 네 목소리 섞여
천리 길 날아온다

그리움 못 이겨

주인 발자국 찾다

하얀 밤 지나

새벽 참새 소리 들었을까

너를 찾으려

생의 목마름에 두들기던
피아노 위 음정에도
쫓기고 울고 웃던 시간표

3년 동안 피던 난들이
새해도 겨울 꽃 웃음이다
오늘 벽에 걸어본
오래된 수묵화 속 난 그림

지문 닳은 손끝에서 찾는
야무진 함박웃음과 꿈
과한 운동량에 쌕쌕거리는

낡은 가슴에서도
달리는 완주의 환호성 찾는다

그 소리 살아 움직이는 날
너를 찾던 가쁜 숨결
순간의 점들은 생기의 새 소리로
평온의 음계 위를 오를 것이다

바위 계곡

창문을 흔들던 소나기
더위를 데리고 간다

비와 해가 숨바꼭질하듯
회색 하늘이 걷혀 가려 할 때
숨 가쁘게 달려가는 곳

바위로 줄지은 비탈진 산길
부딪히는 거센 폭포 소리
마음 가득 채워 흐른다

계곡을 덮은 흰 구름의 급물살

다시 하늘에 올려놓으려는 듯
순간 솟구치고 쏟아지는 소리
가슴을 막고 있던 벽 허물어 내린다

자연테마의 원곡이자
살아 숨 쉬는 현장의 음악
관악산 남쪽 등산 코스는
비 내리는 날에는 공연장이 된다

돌아가는 길

계곡을 잇는 두 개의 다리를 건너 나타난
수많은 바위에 부딪히는 거센 파도소리
울창한 숲 나뭇가지에 걸친 층층의 안개
모퉁이의 무너질 듯한 절벽
자연 그대로의 조화를 살린 장관이다

자연의 질서에 순응하려는 노력들처럼
내 본연의 모습에 나는 얼마나 관심했던가
가진 것에 대한 감사와 보살핌이 필요하리라

지름길 찾아 먼 길 숨차게 달려왔지만
산사태로 돌아가야 한다

통제된 도로 탓에 매번 어려웠어도

거대한 자연의 움직임을 탓할 수는 없었다

복구까지 시간과 어려움은 어떠할까

삶의 여정도 수없는 무너짐과 복구의 반복 아닐까

떠가는 시간

밤바다 내 눈에 비친 창문 밖
불빛에 줄 잇는 파도의 거품은 오로라처럼 황홀하다
깊은 밤 먼 길 날아온 갈매기 은밀한 시간에 길을 잃었나
하긴 큰 배라 어디서든 쉴 수 있겠네 나처럼

막막한 대해에 떠 있는 배
나그네 시름을 절감하는 시간
본향 향해 있는 동승한 이들의 나눔과 넉넉함은
오랜 친구 같은 따뜻한 마음의 새 이웃이다

아름다운 산 눈부신 바다 너머 거대한 빙하
빙벽 무너지는 소리는 대자연의 일상인가

지구 온난화에 대한 깨우침의 경고음인가
익숙해져 버린 미세먼지와 대조되는 풍경에 말문이 막힌다

알래스카의 일출 영상 담으려는 여러 날의 시도
감동의 하늘빛은 기다리는 자에게 열리는 문이었다
빛을 품고 되돌아가는 발걸음에 추억이 묻었다

새벽

깨어 일하라는 신호음
매미 쓰르라미 소리다
참 양식 먹고 기운 내라는
사명의 새소리에 나서는 몸

냉장고에서 방금 나온
땀 흘리는 물병
물 한 잔의 값어치는
목숨처럼 느껴지고

몸은 물구나무 기구에서
평행선 이룬 채

겹겹이 쌓은 나뭇가지 사이로

모자이크된 하늘에 기록된

오늘 시작의 시간표 읽는다

새벽 산책

유난히 창을 울리는 새소리
기이한 순간 서두르는 마음
밖으로 향한다

생기 넘치는 바람 나무 새
다 같이 부르는 노래
행진곡이 되는 발걸음

춤인 듯 운동인 듯
조깅 트랙을 돌 때마다
솟아나는 새날의 기쁨

폭우 뒤 날아든 순환의 새 기운

멈추지 않는 삶의 흐름에

몸은 산들바람이다

내게 숨은 작은 날개

새벽의 걸음

다리

밤이면 무거워
돌아눕지 못해 벌서게 하고

낮이면 이고 업느라 버거워
시위하는 다리의 반응인가

부지런한 몸의 지지대
기쁘나 아프나 먼저 일으키고

숲길에선 가볍게 사뿐거리며
때론 먼 길을 인도해
고민의 답을 찾게 해준다

조금만 걸어도 빨간 신호 켜지고
두려움에 질려 깨어진 내 모습

잠시 놓친 감사의 조각 모아
화평의 자리에서 다시 보듬자
사랑의 꽃을 달아보자

위대한 창작

아침 햇살 받은 거미의 창작
천막 없이 펼쳐진 비치파라솔

어느새 작은 몸이 소리도 없이
뽑아낸 가느다란 실오라기

자로 잰 듯한 다각형 각도마다
이슬이 프리즘 되어 빛나고

아무 손도 닿지 않게 나무 사이
공중 위 절묘한 영역에 매달았다

부지런한 거미의 여덟 발가락
어느 곤충 먹잇감으로 데려올까
어느 벌레가 날아 들어올까

삶의 터전과 생존을 위한 그물일 뿐
누군가에게 작품이었던 거미줄은
곧 목숨을 건 결전의 장소로 바뀔 것이다

윙윙거리는 일벌들이 날아온다
가벼운 나비 날갯짓 소리도 들린다

피날레

요세미티에서 돌아오는 길
면사포 폭포
넘쳐 흐르는 폭포에 주차장도 물난리

쏟아붓는 개천의 거센 소용돌이
흰 거품 내며 성난 파도처럼 솟구친다
무지개 피어나는 나뭇가지 사이 옆
나는 용감한 탐험가가 된다

계곡의 장중한 소리에 맞춰 날개 단 듯
출입 제한선 앞 무지개 근접 촬영도 성공했다
폭포와 무지개를 품고 돌아오는 승리감에

젖은 옷의 번거로움은 아랑곳 않는다

무지갯빛의 극적인 피날레와 함께
요세미티 바라보는 나무처럼
뿌리를 가슴에 심었다

광안리 바닷가

쉬지 않는 바다의 숨소리
무한한 가능성은 열리고
파도는 모두를 불러 모아
자유로운 상상을 펼친다

자연 그대로
풀도 자라던 모래사장
무지개 뜨는 날이면
어른도 순수한 아이 되어
바다 위 하늘의 무지개를
가슴에 안고 간다

빛 속에 평안한 바다

쉼 없이 넓은 품 지켜온 바닷가

추억 속 나를 감싸 안는다

바다의 부름

동이로 쏟아붓던 비바람이
조금 잠잠해진다

거친 풍광에 들어가려
파도치는 해운대로 향한다

달리는 차 안의 빗소리는
격렬한 타악기 연주다

비치 호텔을 바람막이로
태평양을 바라보며 선다

거센 파도의 솟고 내리치는
흙탕물 거품은 방파제까지 흩어지고

몇 층 높이의 파고로 바다 뒤집히는 소리
가슴 밑바닥까지 울려퍼지는 노래다

바다의 순환으로 물고기가 더 건강해지듯
마음 찌꺼기 헤집어주며 정화시키는 것이다

내일은 맑고 푸른 바다로
다시 오라며

유난히 아름다운 바다

찬란한 빛 아래 은빛 물결

깎인 언덕 위 꽃길

빨간색 보트 탄 즐거운 사람들

그들을 바라보는 바위 끝 갈매기

팔짱끼고 감상하는 배낭 멘 청년

이들을 잊게 만드는 또 다른 바다

샌디에이고 해 지는 절벽이다

일몰에 맞춰 숨 가삐 달려온 해안

전개되는 화려한 그림 잔치다

철썩이는 파도에 입 맞추려나

순식간에 내려앉는 붉은 해
낮아짐의 기도 가르친다

줄지어 선 사람들
공연의 뒷자리에 서 있는 자
생의 일몰 그려 넣으며
누군가 만든 창조의 역사와 하나된 채
조화 속으로 비추어진 삶의 자리 찾아간다

꿈의 마당

은빛 모래사장
꿈을 품은 어린이들은
동화의 주인공이 되어
성 궁궐 집을 짓는다

파도가 쓸어가도
여유를 잃지 않고
바다처럼 넓은 마음으로
손 털고 자리 옮겨 다시 시작한다

여기는 풍요의 내일이 열리는
영감의 교육장인 백사장

반짝이는 눈빛 해맑은 웃음

순수한 아이들은 이곳에서 자란다

떠나갈 채비

가을이 오기 전 이번 여름은

왜 그리도 바쁘던지

젊은 여름을 살고픈 회한

쉼 없이 반복되는 생명의 소리

푸른 들판 구슬 땀 농부

포도송이 두 손 가득 담고

푸른 숲 향기 바람에

걱정 벗은 새들의 노래 듣는다

오늘 새벽 공기는 상쾌하다

떠날 채비를 마친 여름이구나

못내 붙잡고 싶지만 떠나는 친구처럼

보내줘야 하는 부족한 마음
이 풍성 누리지 못한 것의 후회인가

수없이 다녀갔지만
마지막인 듯 아쉬운 여름인 것을

7월의 끝날

구름이 빛 사이로 가는
7월의 끝자리 정경 속에

기억은 돌고 돌아
어느 바닷가 사선의 태양 빛

아이들과 모래 위 맑은 물결
해안선 달리던 그날

그들의 뒷모습에 감추어진
환희 속 술래잡기 빛 그림자

눈앞을 휩쓸고 사라져가던

오래전 동심의 세상

아름다운 기억 속의 나를 붙든다

8월 또 9월

익히던 여름 밀치며 온 변화에
나는 놀라 당황했다
가을 전령이 다급히 들이닥쳤다

땀에 전 몸이
어느 날 예고 없이
오싹한 한기 느끼기까지

9월 어느 날
이미 보내버린 세월에
아쉬움은 초연함과 뒤섞이고
거슬러 겨울자리에 서서

유난히 수고하며 감사했던 여름이
풍성한 삶이라 가르친 스승이 된 채
엄중한 삶의 섭리 앞에
고개 숙인 나의 계절을 직시한다

더 힘내고 인내하라
일러주고 사라져버린 계절이여
네 뜨거웠던 열정으로 사랑하려
다시 만날 날을 기다린다

지난 계절의 한껏 쏟아낸 땀방울에
기쁨의 한기 느끼며

생수

세상이 이념으로 양분된 것 같다
나라 안밖의 갈등과 혼탁한 소식
평안을 앗아가고 6 · 25 공포가 살아난다

빗발치는 총소리에 나선 피난길
숨찬 행렬 틈에서 산에 오르자
그제야 부모 형제를 찾는다

한 손에 든 어머니 손가방 속에는
가르마 꽂이 빗 사소한 물건뿐
먹을 물 한 방울 없었다

피와 같은 물 생명의 어머니다

생사를 가르던 피난길 갈증을 떠올리며

목숨 같은 생수를 친구와 나눠 마신다

아우성

힘겨워 불붙은 발바닥
보름간 진화 작업에도 끄떡없다

층층의 건물 떠받치고 살아도
불평 없어 평안한 줄 알았더니
발 속으로 곪은 것 터트리며
자기 얼굴 좀 보라 투쟁에 나섰다

온 다리 통증을 다 이고 선
멍든 발바닥 붉은 아우성
이제 몸도 무너질까 두렵다

지구를 몇 바퀴 돌아 수십 년
끝끝내 내 안에 숨었다가
약해진 틈타 비집고 나온
불청객 대상포진

바닥층 두꺼워 속 앓다
이제야 숨 고르는 통증
죄 없는 발바닥의 호소는
약함 깨닫게 하려 긴급히 울리는
생명을 위한 깨우침
내 삶의 SOS

봄나들이

남편 형제들 모이는 날
일찍 나서 중랑천 벚꽃 길에서
여의도를 돌아오다 비가 와
돔구장 기념 야구를 관람했다

서초 모임 가는 중 양재천
꽃구경 때는 햇볕이 쨍쨍
미세먼지 없는 맑음과 아름다움에
사람들도 꽃처럼 활짝 피었다

절제능력 조절장치 오작동은
봄바람에 물든 마음인가

꽃이 주는 기쁨에 취함인가
나이보다 앞선 젊은 몸살인 게지

계절의 순환에 동참하는 시간
값없이 받은 선물이 크다
겨우내 움츠렸던 어깨 펴고
활기찬 노년의 삶을 살자

빛으로 영글게 살찌우라는
부지런쟁이 봄의 재촉이다

되돌릴 수 없는 삶의 여정

집채보다 더 큰 크루즈 한 척
육중한 몸으로
하얀 파도를 일으키며
칠흑 같은 어둠 속을 유유히 헤치고 나간다

기러기들 떼를 지어
깊은 밤 불빛에 이끌렸나
멀리서 먹이 찾아 날아왔나
지칠 줄 모르고 배 주위를 맴돈다

바다 위에 떠 있는지
땅 위에 발을 딛고 있는지

아무도 관심 없다
아무래도 상관 없다

생명의 키를 잡은 선장과의 축배
일렁이는 파도에 흔들리는 것인지
뮤지컬의 리듬에 맞추는 것인지
흥겨운 춤사위와 뜨거운 박수

테이블 메이트가 된 미국인 여섯 명
어떤 이는 보좌관
어떤 이는 사진사
또 어떤 이는 다섯 번째 크루즈 승선

오래 전부터 알고 지낸 사이인양
스스럼없이 털어내는 삶의 이야기
하루하루 더해갈수록
더욱 더 친밀해지고 편안해지고

배가 닿은 첫 번째 도시 주노Juneau

잔잔하게 펼쳐진 은빛 바다

바다를 붉게 물들인 노을

바다를 힘차게 가르는 고래

때마침 비가 내린 캐치칸Ketchikan

연어잡이 흑곰 보러

우의 입고 빗속에서 산길로 두어 시간

덩달아 연어 잡겠다고 몰려든 새들로 뒤덮인 강

항구가 너무 좁아

텐더로 옮겨 타야 들어가는 시트카Sitka

해변과 공원을 지나 도착한 토템폴박물관

흰머리독수리와 올빼미와의 신기한 만남

열흘간 운명을 같이한 사람들

즐겁고 아름다운 추억으로 가득한 마음들

삶의 여정을 되돌릴 수 없지만

이 배는 잠시 왔던 길로 키를 돌린다

달라진 모습

    장산 등산길은 남쪽으로 해운대 바다를 바라보고, 북쪽으로는 병풍처럼 산을 둘러쳐 놓고 있다. 나무들이 모여 만든 하늘 위의 눈꽃 작품이 신기하여 잘 보이는 곳까지 날마다 힘을 내어 올라갔다. 산을 오르며 갖게 되는 정화된 마음은 마치 종교적인 순전함이 느껴질 정도여서 어린 아이처럼 기뻐하곤 했다. 그러나 아름답던 눈꽃 모양은 날이 갈수록 달라지다가 결국 며칠 후에는 모양이 뒤엉켜 버리고, 새로 자란 잎에 가려 더 이상 찾을 수 없게 된다. 이는 마치 변화하는 내 마음과도 같았다.

    장산을 추억하다 보니 알레르기 치료를 위해 7년간 오르내리던 황령산이 떠오른다. 정확히 새벽 다섯 시면 눈이 저절로 떠졌다. 칸트는 매일 정해진 시간에 어김없이 산책을 해서 시계를 보지 않고 칸트가 지나가는 것만 보고도 사람들이 시간을 알 수 있었다는 일화가 연상되어서, 나 자신이 대견스럽게 생각되기도 하였다.

가파르게 경사진 산을 올라갔다 내려올 때는 '떡갈나무 숲속에 졸졸 흐르는'이라는 즐거운 노래가 절로 나왔다. 황령산은 차로 올라가면 부산의 전망을 한눈에 보여주는 산이다. 위에서 내려다보이는 산과 바다의 어우러진 전경은 부산에 살거나 잠시 머무는 사람 모두의 마음을 탁 틔워줄 만한 장관이다.

부산에 집만 남겨 놓고 떠나 온 지 7년 되었다. 올해는 유난히 진한 낙엽이 떨어지고 이어 새하얀 눈이 쌓이니 계절이 펼치는 페스티벌 같다. 지난 주 합창연습 차 갔던 눈 내리던 뒷산의 절경에 감탄이 나왔고 휴대폰 카메라를 연신 눌러댔었다.

황령산과 장산에도 눈이 내렸다면 어땠을까? 그 시절 내가 처해 있던 여러 상황을 알기나 한 듯 나를 지켜봐 주고 깨닫게 해 주고 또 든든하게 품어 주던 산. 여전히 거기에 있을 산들을 번잡한 내 일상과 비교해 보니 여러 생각이 교차한다.

함께 했던 산, 그리고 나를 돌아보게 만든 산은 지금 멀리 있지만, 그 동안에도 나무들은 나고 자라고 시들고 떨어지길 반복하여 눈꽃 외에도 수많은 작품을 전시해 왔으리라. 이제 달라진 모습으로 나도 함께 참여하고 싶어진다.

주머니 속에 접혀 있던 추억

유치원은 3층 건물의 2층에 있었다. 호기심 많던 어린 시절 아이들은 항상 지하실을 궁금해했다. 출입구 반대편 3층으로 가는 좁은 계단을 몇 개 오르면 지하실 문이 나온다. 그 문 앞에 설 때마다 누군가가 "귀신이야!" 소리치곤 했는데, 그러면 다들 혼비백산하여 1층 마당으로 뛰어내렸다. 그렇게 번번이 지하실 진입에 실패했다.

젊은 시절, 결혼한 친구 집에 갔다가 유치원 졸업사진을 보았다. 예쁜 원피스를 입고 졸업장을 든 채 맨 앞 중앙에 앉은 어린이, 엄지발가락 앞에 구멍이 뚫린 검은 고무신을 신고 있었다. 양쪽 옆 친구들은 구두를 신었는데, 생각지도 못했던 그림이었다.

중년이 된 어느 날, 딸에게 그 사진 얘기를 들려줬다. 딸은 몹시 신기해하면서 그 '작품사진'을 꼭 보고 싶단다. 6·25 때 폭격을 맞아 집이 불에 타버려서 나는 정작 그 사진을 가지고 있지 못했기에 그 시절을 잊고 살았다. 딸은 그 후로도 몇 차례 친구에게 연락했느냐 물어왔고, 수십 년이 지난 후에야 드디어 전화 연락을 하게 됐다.

예상치 못한 통화에 친구는 이산가족이라도 찾은 듯 목청 높여 반가워했다. 첫사랑 얘기, 짝사랑의 꿈 등 소녀 시절의 추억을 떠올리며 많은 대화가 오갔다. 화제가 본론으로 들어가자, 그 사진 때문에 전화했냐며 서로 웃다 긴 통화는 끝이 났다.

다시 사진 얘기는 수면 속으로 가라앉아 슬그머니 잊혔고, 내 나이 칠십 중반이 되었다. 그 사진을 가지고 있던 친구는 지금 어디서 어떻게 살고 있을까? 딸에게 내 어릴 적 사진을 보여줄 기회가 있기나 할까?

올 가을도 마무리되고 있다. 이미 인생의 겨울 산에 오른 내가 꺼내어 본 이른 봄날의 한 장면이다. 추억의 주머니가 아직까지 남아 있는 게 감사하다.

3부

주님 손길
머문 곳

간섭

밤새 지키시더니
넓은 사랑 채우시기 위해
맑은 하늘 보게 하시고

당신의 손길로 살아가는
젊은 나무들이 자랄 수 있게
한낮의 이 세상 이겨내는
지혜 알게 하소서

아득한 날 이름 지으신 자녀에게
비웃음의 바람 불어와도
찢긴 맨발을 감싸 온전한 걸음으로

오랜 인내의 길 가게 하소서

시작도 마침도 삶의 날 지금
당신의 사랑 그 간섭으로
부족했던 믿음이 숙성되어
익은 열매로 드려지기까지
축복의 간섭 눈으로 보게 하소서

기도

마음 문 열고
하늘을 품으며
믿음이 커가는 아이

장성한 어른의
진실한 평생 기도는
잘 익은 열매

염려가 신뢰가 되고
낙담은 소망이 되어
장애물 넘는 힘이 된다

초봄 같은 기도와

만추의 생애

모두를 살고 싶다

거대한 그 자리

다듬돌 위 나란히 얹힌 다듬이 방망이
다듬을 때 보이는 시어들은
세상에서 가장 아름다운 어머니 노래

모서리를 빗나가지 않은 채
다시 펴 한 올 실오라기도 달래
어머니 마음결같이 다듬는 위대한 포용
조심스럽게 스스로를 다독이며 키운 어머니

리듬에 맞춘 작사는 인고 속 감춰진 잠언
새날의 기대 영혼의 미소다

이 앞에선 이들 고운 결 되어
점차 쌓여가는 오늘의 산 오를 때
누군가와 걸음을 맞추며
서로를 보듬고 다듬어갈 것 아닌가

가로막는 것을 녹여갈 때
어머니의 그 자리에 이를 수 있을 것을

엄마의 파장

내 몸과 연결된 유일한 흐름 속으로

전해지는 말 '엄마'

부르는 자와 듣는 자가 하나

그 연결고리는 끊을 수 없는 것

죄 많은 인간이 나눌 수 있는

높은 사랑의 자리

우주 가운데 유일성으로 엮어진

천문학적 확률로 선택된 자리

시공간을 초월해 들려오는

순간의 육성 '엄마'

길가다 자주 뒤돌아본다

자지러지는 울음
까르륵거리는 웃음
그 강렬한 소리
꿈에서도 일으켜 세운다

무질서로 타버린 산 잿더미 속
태양의 힘은 싹을 내어 자라게 하고

이만큼 온 것 오로지 생명의 힘
내 어머니 사랑의 힘이 이긴 증거
나 받은 것만큼 되돌려줄 수 없어

신의 섭리로 이끌린 이 자리에서
그 마음 알려 문을 두드린다

어제와 오늘의 나

어제의 나 불평등한 삶 속
갈 곳 없는 막다른 길로 내몰렸다

산처럼 큰 벽 다가올 때
두려워 소리쳐 기도하는 순간
어두운 눈에 밝은 하늘빛 비친다

오늘의 나 사랑의 대상이라
그의 자녀라 명하셨으니
셀 수 없는 감사 값없는 선물

내일은 기이한 문 안으로
기뻐하며 들어가리라

순영에게

사랑하는 이가 가는 길
그분의 가심을 생각한다

내 가슴에 안겨주었던 선물을
땅에 내려놓고 섰다

어두워 보이지 않는 뒷모습
눈길이 고정되어
오래 따라 가고 있었다

깊은 감사의 눈물과 함께 전하는
내 마음의 기도

하루

희미한 하루가 있었다
그래서는 안 되지
신도 보이지 않는 하루

청년이 되려고
세월을 앞서가던 사춘기
시간에 끌려 뛰고 나느라

갈등과 박명의 시절
그냥 보낸 하루

지난날을 찾아 그려가다

노년에야 무릎을 쳤지만

여전히 부족한 믿음이
다시금 길을 알려준다

빠르고 느리게 걸어 온
삶의 길 위에는

허투루 살면 안 되는 하루가 있다

새 길

쏜살같이 지나온 오늘
앞만 보고 가야 하는 길
어디로 가는지 알 수 없네

수많은 간이역을 지났어도
종착역 보이지 않아

헤어진 옷 뭉개진 발 절룩이며
거친 인생 걸은 자에게
저편 영원한 도시가 어른거린다

그곳에 가기 전

어떤 일 할까 무얼 준비할까

가지인 내게서
과연 포도가 얼마나 열릴까
생명으로 주어진 지금
주인이 행여 가지치기 할까

새 길에는 많은 열매 얻을 수 있으니

준비된 길

피할 길 찾을 수 없어 두려워
긴 팔 필요해
날 지키시는 이 잠들었나

네 힘으로 갈 때까지 가보라
구조 요청 중에도 아직은 아니라
남은 마지막 힘낼 때

햇빛 물 맑은 공기 쏟아진다
응원하는 천사도 동원되었다
영혼의 해갈을 맛본 자

막다른 곳에 준비된 길

하늘 향하여 두 팔을 들고서

활짝 열린 이 길을 따라 가리라

여행길

녹슨 눈에 별이 뜨고
아픈 다리는 산 정상에 섰다

평화로운 벌판 위를 달리며
지름길을 찾다 만난 돌 산길에서
아픈 다리로 다시 강행군

자신 없다 두 손 들었던 여행길
함께한 이들이 붙잡아줘
절벽 바위산 정상에 섰다

힘없는 나를 산에 오르게

여행길 나서게 이끄신 분께

잠들기 전 기도드리자

웃으시며 들으신다

나를 붙드시네

나고 죽는 사이에서
태어남은 과거
모두 희미한 발자국
죽는 것은 미래

존재하는 지금
방금은 머리를 스치며 지나가고
잠깐은 기다리지 않고 구름 위로
재빠른 들노루처럼 사라져만 간다

앞이었던 시간이 어느새 등 떠미는
한순간인 삶에서
당신은 누구시기에 나를 붙드시나요

진실의 진액

가난한 자의 눈물은
어두운 바다 헤쳐나갈 때
빛이 되어 길을 만든다

통회의 슬픔은 밑거름
새 생명 만드는 자리
씨앗과 꽃으로 맺어진 열매

살려내는 눈물이여
분명 누군가의 선물
승화로 향한 최초의 길잡이

선한 마음이 길어올린 눈물

지금 붙들자

쌓인 생각 틈새로
물줄기같이 떠나가는 시간들

해변 자갈밭 물 빠진 나무처럼
널브러진 마음

낙엽은 주소 모르게 잎 떨어져도
바닥에 내려와 엉켜 기대고

흩어져 나뉜 마음을 다잡아 세운다

보이지 않는 한 가지

삶과 죽음에 관한 영원한 소망

생명이 만개하는 그날

지금 붙들자

기다림

구름이 자기 색을 나타내려
새벽 해를 기다리는가

빛이 폭포같이 흐르게
어두운 진연회색 커튼을 치고
동트는 시작의 서곡을 울린다

사람들은 왜 떨며
갑판 위에 섰는가
그 빛 나타나기까지

기다림은 야심을 걷어내고

가난한 가슴에 오실

참 빛의 의미 가르친다

산을 오를 때

넘어지고 깨진다
아무도 일으켜주지 않는다
억울한 신음에도
말할 상대 어디에도 없어
땅에 쏟아내는 넋두리

아픈 자의 고통을
목마른 자의 갈증을
슬픈 자의 위로를 모른 채
애통함의 축복 잃고서
산을 오른다

한 걸음 한 걸음
오를 때마다
자신의 모습 알고
슬픔이 녹아내릴 때

머리 위로 떠가는 흰 구름
계곡의 물살 흐트리는 맑은 바람
다스리는 이의 따듯한 손
졸졸 흐르는 숲속 샘물
산을 내려가는 마음에
어느새 위로가 가득하다

동행

새벽 눈이 열리고
빛을 본다
기적의 사람 아닌가

날 향한 눈길 멈추지 않고
좋은 양식 먹여 세우시니
오늘 하루의 걸음을 재어본다

따뜻한 손길로 언 입 열려
감사의 고백 드릴 때
영혼에 밝은 빛 비친다

부르기만 하시면

더듬거려도 넘어져도

끝까지 따라가리라

옹달샘

산 너머 남쪽 옹달샘
한여름에도 발이 시리던
찰랑찰랑 넘치는 물

숨차 손으로 받아먹던 샘물
해맑은 얼굴도 띄워 놓는다

동그랗게 예쁜 샘가에는
늘어진 어린 시절 팽나무 쉼터
여전히 한가로울 테지만

달콤하던 샘물 맛보던 이들을

햇살은 기억하고 있을까

쉼 없이 솟아나는 옹달샘물
말씀이었다

비밀

채워져가는 초승달

만삭이 되자

다시 줄어가는 그믐달

삶의 실패와 분노도

어느 시점에서 고요와 평안

나고 죽고 영원 속으로

기도는 슬픔 이긴 승리

이어지는 환희의 창작

오르락내리락 생의 운명

그 끝의 새 문 두드리는

마지막 뒤의 시작

이 비밀 전하는 자 누구인가

볼펜

내 마음 간직한 친구는
날씬한 체형에 비취색 상의
금색선 검정 하의
은색 신발은 매력을 더한다

그가 스쳐간 곳마다
어둔 눈에 빛 자국
흰 메모지에 붙었다

생각의 파도타기
신에게로 가는 사닥다리
무지개 위에서의 영광

소리 없는 반딧불

널 선택한 내 맘 따라
자신을 소진해가며 도운
너는 위기의 천사
안타까운 내 친구

파킨슨

누군가의 아픈 얘기에 심각하다
파킨슨 병이라는 말에 놀란 네 사람

사람을 '파김치'로 만든다는 말마저
'파킨슨'으로 들리게 했다

자초지종 알고 모두 배를 쥐고 웃었다
소통이 통로가 된 이 웃음
아마도 일 년치는 쏟아낸 듯하다

병에 대한 감춰진 공포에서
웃음으로 해방되는 즐거움이다

오해가 피워낸 수다꽃에는
웃음의 향기가 그득하다

후회

잠에 취해 받은 전화
낮 모임에서 했던
자기 실수가 생각났는지
자는데 깨웠다는 말로
시작한 긴 대화

전도를 해도 듣지 않고
자기만 말하고 갈등하며 아파해
말을 잃고 듣기만 한다

소망 품은 신앙인으로서
좀 더 경청해주고

사려 깊은 말로 대했어야 했다

말씀과 기도를 떠올리니
마음이 부드러워져 찜찜한 생각 버리고
모든 걸 내 맡긴 채 이내 잠을 청한다

휴대폰

찜통더위 속 만원 환자 들어찬
대학병원은 숨 가쁜 생존의 전쟁터

중요한 때 마침 휴대폰은 방전 직전
충전해야 살릴 수 있는 내용
다급한 채 전화번호를 적는다

거리에는 바쁘고 지친 발걸음들
그래도 소홀하지 않은 누군가의 돌봄 있어
다들 살아갈 수 있구나

그간 충성스러웠던 휴대폰 보니

방전되지 않고 살아온 자신을
너무 당연시했구나

나의 배터리는
나의 남은 시간은
이제 얼마쯤일까

종말 그리고 창조

검은 색의 평원과 돌산 위 구름마저 검다
산길을 걸으며 하와이섬 특유의 토종 식물
꽃과 나무는 아름다운 사람들의 손길로 자라
위험 경고선 옆에서도 흐뭇하게 반겨준다

화산 분출로 생긴 빅 아일랜드는 백만 년의 역사
세계에서 가장 활발한 화산이 바로 여기 킬라우에아
불길과 연기로 타고 있는 산 정상에는
잘 닦이고 둥글게 패인 분화구
폭발로 생성된 거대한 용암대지는 걷기도 두렵다

화산에서 내려와 해안 도로에 펼쳐지는 광경

분출된 용암이 지평선 너머까지 흘러 만든 검은 땅

그 뒤 극명히 대비되는 수평선 너머의 쪽빛 바다와 하늘

조각 작품에 쓰다 남은 걸 뿌린 듯한 바위와 돌들

바다 밑 강력한 역사의 크기는 어떠했기에

사방은 식물이 자랄 수도 없는 거친 땅

시커먼 들판 위에서 맞는 거센 바람

바다로 쓸려갈 듯 휘청이는 몸

이글거리는 용암이 바다로 떨어지며

여전히 살아 들끓고 있는 이 곳

파괴적 재앙의 결과물 앞에 섰다

창조와 종말을 동시에 바라보며 서 있는 지금

생각은 대자연을 넘어 우주의 섭리에 다다른다

지금 이 순간

일상의 분주함 속

옮기는 걸음마다

끊임없이 이어지는 사건들은

눈 깜짝할 사이에 지나가

차마 다 볼 수 없는 점들

삶과 죽음의 거리 고작 1초라면

어제를 돌아보는 일

부질없을 뿐

알 수 없는 손길에 맡기고

빛이 오는 곳을 향해 내딛어 보리

빛을 향해 얼마나 가까이 다가갔는가

그 걸음만큼

그 거리만큼

어떤 삶을 살았는지 알아주실 터

지금 이 순간으로 족한 인생

마감날

잠에서 깨어보니
손을 움직이고
발을 내딛는 기적의 순간

우주를 다스리는 창조의 질서
그 안에 축복이 있다
우리 존재의 이유다

영적 안테나를 세우기만 하면
생명의 기쁨이 뛰는 날이다

민감한 귀 섬세한 마음은
마침이 시작임을 안다

값진 후회

추운 한겨울 가족들과 식사하러 간 식당에서 감나무를 보았다. 이층에 들어서니 유리창 밖으로 빨갛게 잘 익은 감들이 조랑조랑 달려 있는 감나무가 눈에 들어와, 마치 부산 집에 있던 감나무를 옮겨 놓은 것 같아 갑자기 울컥해져서 고개를 숙였다. 그런 마음을 가족에게 들키지 않으려 애써야 했고, 점심도 제대로 먹지 못했다.

나무를 자르던 날을 미리 예약해 두었으나 그 이틀 전에 발을 다쳐 직접 가지 못하고 전화로 주문할 수밖에 없었다. 내가 40여 년 기르던 나무가 자라나는 모습도 대견했고 열매를 맺을 때의 기쁨도 컸기에 가지치기로 잘 다듬어 주고 싶었으나, 막상 나의 생각과 다르게 일이 진행되었다. 그 해에는 감나무가 열매를 맺지 않았고 너무 크게 자라나서 베어야 한다는 게 가족들의 의견이었다. 마음으로 보살피며 키웠던 나는 반대했으나, 상황에 몰려 두서없이 감나무와 모과나무의 밑동은 잘리고 말았다.

끝까지 결사적으로 반대하지 못하고 시간을 놓친 안타까운 마음에 우울해서 이틀 동안 울었고, 마치 내 밑동이 잘려 나간 듯 가슴이 아팠다. 그렇게 잘려 나간 과실나무를 나는 마음속에 심었다.

그러다 우연히 식당에서 보게 된 감나무가 내 마음속에 심은 나무를 생각나게 했다. 그리고 내게 묻는 것 같았다. '당신은 이 땅에서 얼마나 살 수 있습니까? 나무의 수명이 당신보다 훨씬 길다는 것을 알고 계십니까? 한 해 열매를 맺지 않는다고 나무를 잘라 버려도 됩니까? 하나님은 당신을 위해 얼마나 오랫동안 참고 기다려 주셨는지 알고 계십니까? 풀 한 포기도 당신 것이 아니고 당신 맘대로 하면 안 될진대, 나무를 함부로 없애도 되는 겁니까?' 나무에 대한 생각이 점점 전개되어 본질적인 문제로 확대되고 있었다.

바로 그 때였다. 지금껏 내가 소유한 것들을 내 것이라 여긴 것 자체가 잘못이라는 생각이 들었다. 성경 누가복음에는 열매 맺지 못하는 무화과나무에 대한 말씀이 기록되어 있다. 과수원지기가 무화과나무를 3년이나 열심히 가꾸었지만 열매를 맺지 않자, 주인은 나무를 찍어 버리라고 한다. 과수원지기는 "금년에도 그냥 두소서"라며 주인에게 간청한다. 한번만 더 기회를 주자는 것이다. 무화과나무가 열매를 맺지 못한 게 1, 2년이 아니다. 3년이다. 그런데도 과수원지기는 1년을 더 돌보며 기다리겠노라고 한다.

나는 어땠는가? 과실나무를 베어 버린다는 다수의 생각을 막지 못했다. 가르쳐 주시고 베풀어 주신 기다림을 잊은 것이다. 주인 소유인 나무의 생명을 청지기인 내 소유인양 마음대로 잘라버렸고, 기다리라 하신 주인 말씀도 거역한 셈이다.

한 끼 식사를 위해 찾아간 곳에서 만난 감나무로 얻게 된 생각. 기다림 속에 들어 있는 사랑을 깨닫는 순간. 우리가 열매를 맺을 때까지 기다려 주시는 내 삶의 주인은 인간만이 아니라 모든 피조물을 사랑하시기 때문에 그 어떤 피조물에게도 인간이 함부로 대해서는 안 된다는 사실에 고개를 숙일 수밖에 없었다. 생각지 못한 곳에서 나의 지난 행동에 대한 기억 덕분에 나의 값진 후회의 날이 되었다.

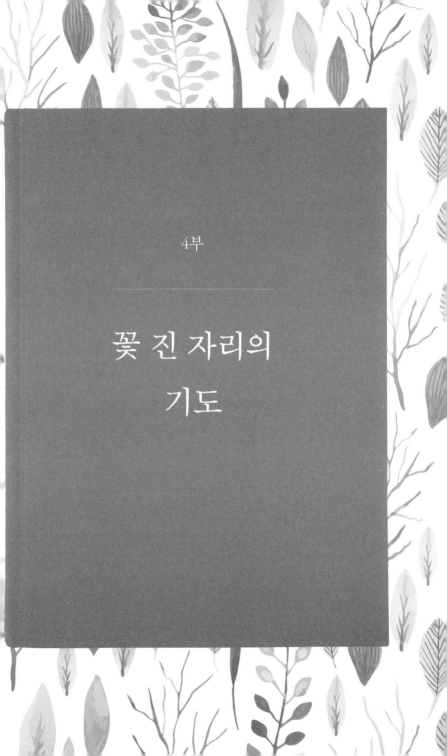

4부

꽃 진 자리의
기도

사랑하는 자

아침 꽃길 이슬에 젖은 발
온기에 속삭이는 소리

작은 손은 따뜻한 긴 손에 잡혀
눈빛은 맑은 언어에 고개 든다

머리에 금 사슬 목에는 꽃잎 걸고
어린 화동 사랑 꽃잎 뿌리니

그대 해를 품어 오르는 소리
사랑하는 자라 부르셨어요

지혜의 글귀

눈이 내린다
허물을 덮고 있다

힘든 생각 지워주는
머리에 내리는 눈

냉철한 지혜의 글귀로
마음 밭에 쌓인다

추모의 편지

주님께로 가시던 날
입은 닫혀 말을 잃고
목구멍은 무덤 되었어도

눈물범벅된 얼굴들에게
꿈에서도 아름다운 모습
영원하다는 증거로 오시는
당신은 새로운 선물

다 주고도 모자라
이제 하늘에서 포근히 함께하시려
그렇게 편안하고 자유로우신지
하늘 향해 두 손 들어 봅니다

동그라미 낙서 속에 우연히 그려진

꽃밭 속 얼굴

그 위로 떨어지는 눈물방울

내 심장에 박혀 있는 그리운 이

그 사랑 알라고

누군가 나를 이 광야에 세웠습니다

위로

천혜의 그리움

울음바다라도

빛 가득 물결 타고

꽃잎 위 가벼이

자유로이 다니실

내 어머니

사랑하는 일

내 몫이요

감사하는 일

내 힘이라

사무치는 마음의 오늘

또 위로를 일러주신다

히아신스꽃

연분홍 자주 희고 파란
갖가지 빛깔의 꽃
정원 디딤돌 옆자리에 줄지어
내 걸음 멈추게 한다

향기는 진하고 은은하며
꽃말은 겸손과 사랑
작은 송이들로 공동체 이루어
등잔대 같이 이웃 밝혀주네

신비 가득 향주머니 꽃
기도의 진한 향기로
기쁨의 웃음 함께 실어 나른다

아버지의 유산

잔가지에 꽃 피우려

밭 일구던 곤한 몸

감춰진 발은 낡고 헤어졌다

평생의 건강 처방 초록빛 전달자

아버지는 여름날 숲 쉼터

아름드리 나무이시다

열매 주렁주렁 달고서

나눠줄 힘 바닥 근처

그 인내 새 나무둥지에 새겨졌다

넓은 품 한 편에 접혀진
작은 채송화에 고인 그리움
풀어내지 못한 회한의 그림
눈치 없던 나의 마음속 시

삶의 비 내릴 때면
손수 만드신 당신의 그 우산
지금은 바람막이의 유산

매보다 사랑의 훈계
그 음성 늘 살아 있어
되돌릴 수 없는 시간 앞에서도
익은 열매의 꿈을 잊지 못해

잔치의 시작

겨우내 말없는

깊은 산속 눈물 골짜기

인내의 절정에서

겨울 넘긴 인고의 시간

새싹은 쏙쏙

나비 등 위 실바람 타느라

씨앗도 일손 바쁘더니

숲은 꽃망울 터뜨린다

계절의 미소여

함박꽃 웃음 봄의 향 운반자여

이제 풍성한 소망 내비치니

열매 맺은 잔치로 초대하리라

한 없는 기쁨 함께하리라

봄비

실오라기로 쓴 하늘의 편지는
소망의 씨앗 날려 보낸다

웃음 띤 나무의 연인 봄비
연둣빛 잎사귀에
꽃자리 나오라 속삭인다

차가운 마음 보듬는
부드러운 선율이 열리자
기쁨의 노래로 내린다

사랑의 향 기름 맛본 땅

감사로 답하는 일손

새 맘 적시고 옷깃에 흐른다

봄 뜰

반갑게 내린 단비는 땅의 걸음마
바쁘다며 생기로 싹의 키 돋운다

야생화와 잔디에 끼어든 잡초
함께 모여 재잘대는 소리
생물이 들어서는 자리의 찬양이다

사철나무는 목련과 손잡고
라일락은 담 넘어 인사의 고개 내민다
감나무 옆 앵두꽃은 분홍 옷 입고 누굴 맞나

낮은 자리에서 소담한 꿈을 꾸는 꽃 잔치

봄 뜰의 꽃들 일어나 하늘 향해 기도하니

그들이 맺은 생명의 출발을 축복하소서

천사표

여기 예쁘고 고운 꽃 한 송이
가냘프고 연약하면서도
그 꽃잎은 진하고 아름답다

서두르지도 넘치지도 않으며
볼우물에 사랑 담은 인성의 여유
태양 빛 머금은 눈부신 자태

지혜의 샘에서 막 나온 그
현재에 있으며 믿음직한 설계도도 있으니
미래로 향해 가자 일러준다

정결한 샘에서 씻긴 설경의 냉철함
영롱한 아침이슬
사랑의 결정체로 피어난 꽃

창세 전에 지음 받은 이름 딸
꽃향기 타고 날아왔다
시간과 공간을 초월한 빛과 함께

꽃이 진 자리

나고 가는 때를 아는 나무
봄꽃 지려는 순간
바쁘던 주인 서둘러 자르면

초록 움트는 봄
사계를 살아내려는 의연한 나무들
불어나는 번식의 준비 끝나

한철의 생은 지는 꽃으로 마감되고
미래의 또 다른 삶의 세계 꿈꾼다

기쁨 전하기까지 험난했던 생애

자랑치 않아도 누군가는 알아줄
겸손의 꽃 진 자리

바라보던 시선 이제
갓 맺힌 열매의 자리로 옮겨간다

신부의 노래

그대가 준비한 뜰에서
고귀한 것들로 단장한다

들꽃을 피게 하는 햇살같이
영광스러운 내일이 열리고

신랑에게 감춰진 신부는
화려한 궁전으로 향한다

새 삶을 선물로 받은
그는 완전히 다른 존재

꽃잎에 맺힌 이슬방울 모여

그녀의 노래 위로 흐른다

쉼

농부는 땀에 절어
척박한 땅을 일군다

하늘이 내리는 비
자라게 하고
여유도 가져다준다

언제나 쉼 후에
참아낸 느린 걸음
이 땅의 고난은 노래가 된다

사랑이 채워지고

풍요한 것은

쉼 후에 가진 삶의 충만

창조의 평안에 잠긴

그 하루를 살아가라 한다

장미원에서

이슬 머금고 밤새 기다렸나
반갑게 맞아주는
노란 줄 장미 넝쿨
나도 웃음으로 답해준다

분홍빛 올망졸망 아치문
아침 인사 향기로워
벌과 나비 불러와
다함께 춤추게 한다

수만 송이 꽃 터널 지나
흰 꽃 아치 궁궐

저편 높은 나무 위 새들은
호수 바람 타고 와
꽃과 어울리기 한창이다

가시 위 피운 오월의 장미
이슬에 씻긴 정결한 마음
미리 누릴 수 있게
천국을 그려낸다

7월의 시작

시린 고통이

수레바퀴처럼 모질어

먼 길 가는 동안

출렁이는 소리가

감사해지는 마음

어머니 품속

초록 싸개에 내맡겨진 채

강렬한 햇살로 익혀

잘 자란 알곡 되려

7월의 파랑이로 시작하네

매듭

바늘귀에 실이 지나가자
기적이라 웃음 짓는 눈

바느질 한 땀 한 땀 오래된 실이 자주 엉키면
풀고 달래가며 옷을 만든다

거센 비바람을 버티는
창밖 저편 나무도 살아 있는 기적
일만이천 보에 흘린 땀방울
무성한 가지 시원한 바람 안겨주네

매미울음 섞인 맑은 개천의 물소리
감사하며 오늘의 매듭을 짓는다

돌봄

자르지 않으면 힘없어
손길 오라 부르는 잔디

풀잎 자르면 생기는
뿌리의 결속
생명 밀어 올리는 힘

어느 새 풀잎은 바람에 춤추며
옷깃마다 수정구슬 달고
뭇별 끌어온 얘기 마당이다

나는 너를 그는 나를

오랜 세월의 돌봄

멈출 수 없는 숨

닮고 싶은 이

대가족 벗어나 시장가는 길
단정한 모시옷 차림의 여인 옆
장바구니 들고 끼어든 나
홀가분한 시간 뺏은 줄도 몰라

쉴 새 없어도 가족 돌봄에 더한
이웃 돕는 공동체 어머니같이
섬세한 씨줄 날줄 짜임의 나날들

이제 가고 난 자리
당신의 사랑을 확인하며
감사 편지 사방으로 보냅니다

사람들은 당신을 일컬어
고맙고 못 잊을 이
칭송의 인사도 자녀에게 남겨주신
헌신의 땀
그리운 어머니

마지막 낙엽을 들고 선 지금
닮고 싶으나 닮을 수 없는 어머니

낙엽송

먼 길 떠나려는 낙엽
천천히 가야만 하는데
못내 아쉬운 발걸음
긴 겨울 건너려는
약속된 이별을 본다

아직은 날개옷 차려입고
나무의 박수 소리에
바람결 춤이 된 붉은 자태
마음속으로 다가오는
가난한 나무가 길러낸 분신

약속된 인사 전하는 고운 맘
생명 능력의 길 위에 머문다

정자에 앉아서

천리 길 달려와 보니
앞뜰에 채소와 기름진 상차림
펼쳐진 잔치 한 마당

한낮 정자에 앉아
인정 어린 지긋하신 구순 인생
눈물로 복음 받아 기뻐하던 곳

밤은 젊은이들 열띤 토론의 장
하늘과 땅의 두 왕국이 주제가 되고
활기를 더한 토론 참가자의 열변에
자연의 소리는 흐르는 배경음악

추석 밤하늘 아래 다정한 마음들

시간이 지나도 잊을 수 없는 인연들

고운 단풍잎 사이마다 섞인

그리운 숨결 마음에 파고드네

모임을 마치고

모임 후 마주친 설경
하얀 길 위 거북이 차량 행렬 속
졸음에 겹던 아이들도 눈을 뜨고
눈 내리는 밤 보며 재잘거린다

골목길 빙판서도
가슴에 눈꽃 즐거움으로
만년설 위를 뒹구는 사람들처럼
즐거운 비명 메아리치는 웃음

눈 내리는 밤 가슴으로 맞으며
아슬아슬 빙판길 가로질러

집 앞까지 동행해 대문 앞에 섰다

어깨를 잡아준 정겨운 마음
잊지 못할 눈길의 따뜻한 손
깊은 감사로 새겨진다

시린 동굴

시린 고드름 동굴아
얼어붙은 위에
다시 언 산 속이어도

봄의 땅 적셔줄
내가 되고 강이 되어
골짜기 어느 곳
싹 틔우기 바라는 소망

그대 이름은 마지막 주자
그 큰 비밀 저장하는 계시의 창고

찔리고 할퀴어진 상처 동여맨 채
세모 네모 상자를 끌어안고
견딤의 시간에 묶여 있는 인내

심판의 그날 승리자 이름 바라
기다리는 믿음
시린 고드름 동굴아

수행의 길

왜 아픈가
아프지 않고는 자랄 수 없다
섬세한 영혼 가진 이
억센 세파에 할퀴어도
거짓되지 않게 피할 길 없어

어른거리는 젖은 눈빛
보드랍고 엷은 가슴막
쉬지 않는 거친 숨
아픈 자 언 땅에 발붙인
고난의 구도자다

자신도 아픈 채
남의 아픔을 바라보는
이중 수행의 길 가고 있다
아프기에 돕는 팔 의지하니
미래의 거목 가을걷이 예비하나

자라나길

울음 뒤 웃음으로
마음꽃 피우고
무더위 속 일구는
자람의 땀방울

벌레 먹은 잎사귀의
고통 뒤 영그는 열매
못 다한 나눔
사랑 담는 그릇되려

지혜의 씨앗
화해의 밭에 뿌려 놓고

자라나는 것 보고 싶어

드려지는 날까지

다시 한 걸음

늦가을 날 분주한 일상
문득 다른 길이 보인다

가을걷이 마감에도
조용히 자리 지켜내는 나무

평안으로 채워지는 시간
고요로 자라나는 시간

매서운 겨울을 견뎌내면서
마음 문 열어놓고
다시 한 걸음

성장의 새 봄길 따라
약속의 길 더디어도
내딛어 보리라

길 위의 길

고이 접어 주머니 속에 간직했던
어린 시절의 즐거운 추억
구멍 난 신발인들 어떠랴

상상 속에 살던 사춘기 시절
언제나 손에 들려 있던 책과 밤을 새우며
먼 나라 이웃 나라 온 세상 누볐다

무용가가 되고팠던 청년의 꿈은
소설의 주인공이 되었다가
다시 소설가가 되었다가

새 생명 잉태한 몸에

졸업식이 대수냐는 시어머님 만류에
학사모는 써 보지도 못했고

정신없이 지나버린 중년의 시간
때론 아스라한 벼랑 끝인 듯 통곡하고 싶었고
때론 두둥실 구름 위인 듯 행복하기도 했다

노년에 들어 뒤돌아보니
어느 한 순간
나 혼자였던 적이 있었던가

따뜻한 주위의 손들
흔들리는 내 어깨 감싸 안아 주고
막막하게만 느껴지던 길에서
또 다른 길이 열리는 기적을 맛보았으니

이제 내가 무엇을 더 바라랴
내게 주어진 길을
기도하는 마음으로 따르는 것 외에

꽃 진 자리의 기도

초판 1쇄 인쇄 _ 2020년 2월 15일
초판 1쇄 발행 _ 2020년 2월 20일

지은이 _ 이상임

펴낸곳 _ 바이북스
펴낸이 _ 윤옥초
편집팀 _ 김태윤
디자인팀 _ 이민영

ISBN _ 979-11-5877-153-9 03230

등록 _ 2005. 7. 12 | 제 313-2005-000148호
서울시 영등포구 선유로49길 23 아이에스비즈타워2차 1005호
편집 02)333-0812 | **마케팅** 02)333-9918 | **팩스** 02)333-9960
이메일 postmaster@bybooks.co.kr
홈페이지 www.bybooks.co.kr

책값은 뒤표지에 있습니다.
책으로 아름다운 세상을 만듭니다. ― 바이북스

* 바이북스 플러스는 기독교 신앙의 본질을 담아내려는 글을 선별하여 출판하는 브랜드입니다.